JN411177

온전히 사랑만으로

2013 & 온전히 사랑만으로

인　쇄: 초판인쇄 2013년 01월 20일
인　쇄: 초판발행 2013년 01월 25일
지은이: 김혜원
펴낸이: 윤기영
편　집: 정설연
펴낸곳: 도서출판 노트북
등　록: 제 305-2012-000048호
본　사: 서울시 동대문구 장안동 314-3번지 나동 101호
전　화: 070-8887-8233 팩시밀리 : 02-844-5756
이메일: hdpoem55@hanmail.net

정 가 : 10.000원정
ISBN : 978-89-92687-35-5-03810

김

혜

원

서 문

시를 쓰는 일이 멀게 느껴지던 때를 회고해 본다.
분명 세상을 살고 있는데
어느 것 하나도 와 닿는 것이 없었다.
그래서 불안했고 늘 가슴이 멍해있었다.
서울은 그렇게 돌파구가 되었다.
작은 인연들을 외면한 시절들을 회개하는 시간도
알고보면 시와의 인연에서 시작되었다.
부족한 나를 지켜주던 형제들에게 감사를 한다.
불만과 서운함을 항시 주머니에 넣고 다녔던
부족함을 지켜봐준 모든 분들에게도 감사하고 미안하다.
오래전 세상을 떠난 부모님께도 마음으로 이 시집을 바친다.
눈을 뜨면 늘 모든 것이 공허했던 지금껏 내 생활에게도 고마움을 전한다.
하늘은 항상 그 자리에 있다.
알고보면 주변의 모든 분들이 하늘이고 땅이며
아름다운 꽃이었다.
그것을 눈뜨게 해준 가연교수님에게도 마음을 표한다.
부끄럽지만 용기 있게 시집을 낸다.
읽는 동안 같이 삶을 나눌 것을 믿기 때문이다.
오늘도 또 하루를 보낼 것이며
나도 누군가의 독자로 역할을 충실히 할 것을

겸손하게 배운다.
어느새 오십을 훌쩍 넘기고 말았다.
나이 먹는 일이 부끄럽지 않게 변덕스러움을 버리고 살겠다는 것을 다짐해본다.
덕을 쌓는 일이 멀리 있는 것이 아님을
시를 쓰면서 조금씩 알게 되었다.
마지막으로 이 작은 축제에 동참해준 주변분들과 몇몇의 지인들, 출판을 도와주신 분들과 함께 나누고 싶다.

2013년 1월 김혜원

poem 목차

1부 하루에도 몇 번씩

2부 해후

poem 목차

3부 오페라를 보다

4부 오후시간 내내

1부 하루에도 몇 번씩

오늘

체온이 낮은 사람끼리 모여 사는 곳에
당신보다 내가 가까이 산다
골목을 지나
모기장 친 집 아래
엄마한테 들러붙어 사는
장남처럼

오늘은 어느 시간에 붙어
못다 쓴 편지를 보낼까.

겨울저녁

뒤뜰에 묻어놓은 김장독처럼
겨울이 익어간다
그 사실을 이제야 깨닫는 것은
바람 든 무처럼
내동댕이쳤던 시간들의 덕분이다
추울수록 더욱 깊은 맛을 내는
쓰디 쓴 사랑을 준비하면서
나의 겨우살이는 그렇게 끝냈다
당신과 내가
그 사랑을 언제 꺼내 먹을 수 있을런지
해가 바뀌어
다시 봄이 오기 전에
그 독을 다 부셔내야할텐데

하루에도 몇 번씩

수심 깊은 저 강을
하루에도 몇 번씩 건너갑니다
물 위에 있는 나와
물 밖에서 생을 건너고 있는 당신
어제 내린 비로
저만큼 떠밀려 내려간 나를 확인합니다
젖지도 않고 빠져보는
무욕의 사랑이 흥건하다는 것을
이 밤 몰래 강을 건너는
내 뒤를 쫓아오는 당신은 누구.

노을

쌈을 싸서 먹는 데
목이 메인다
어머니라는 이름으로
살고 있는 나라
저곳은
철 들기 전에
바라보아야 보인다는
눈시울 적시는 황혼의 한 권
끝내 울 일 밖에는 없는
세상 다녀간 흔적인가

잘 자라지 않는 사랑

강가 제일 가까운 곳에
땅 한 마지기 마련해두자
모처럼 눈에 띈
신종의 농작물 같은 내 사랑을
푸짐하게 심어 거두어보자
따가운 시선으로
더욱 잘 여물어 갈
남들이 다 외면하는 특이한 종자
손가락질하듯 세월 지나고 나면
잎이라도 나겠지
미안한 맘에.

소리꾼

그놈의 소리를 따라올라 치자면
허이, 밧줄 하나 걸고
탁주 몇 사발 이쯤에서 걸쳐야 하겠지
폭포가 별나다는 산새 험한 악산
허이, 수직의 그 말씀을
거하게 산이 먼저 알아듣겠지
허이, 본래 소리란 하늘과 땅이 먼저 알아들어
귀가 먹은 머리 검은 짐승은
목이 터져라 제소리만 내니
허이, 광대란 그래서 생겨난 말일세.

제주에서

날개 때문에 생긴 이 공포증은
섬만큼이나 외롭다
하루에 몇 대씩 나를 싣고
허공을 나르는 일은 쉽지 않다
멀리서 봐야 당신은 확실히 보였다
누구라 할 것 없이 낙원을 꿈꾸지만
첫날밤의 그것이
관광명소가 되어버린
사랑은 어디서 신비의 밤을 보내고 있는지
그 변명을 듣기 위해 난 지금껏
당신과 살고 있는지도 모른다.

초저녁소묘

이 시간만 되면
누군가 분명 나를 다 보고 있다는
확신을 가집니다
이른 밤이 오기 전에
나로 돌아오려고 마음 서두릅니다
하루에 한 번
미신처럼 믿기 어려운 어둠이 오기 전에
다시 돌아가야 하는 먼 그곳이
하루에 한 번씩 내 마음을 들락거립니다.

낮달보다 먼저

세상의 모든 엄마에게
동요를 바친다
불러도 싫증 나지 않는
호칭에
흥얼거리는 소절만 골라 애태운
독창을 바친다
아버지의 작은 여자보다도
엄마가 더 여자 같은 시간
위로해주듯
마음으로
수수하게 옷 한 벌
해 입히는 시간.

오분의 효력

만일 당신과 딱 오분만
편백나무 숲을 걸어야 한다면
이 우주의 광대한 영상을
고스란히 내 기억에 저장해야 한다면
나무보다 더 많이 흔들려
차라리 내 속 보이고 만다면
저 편백나무 숲
이제는 인공이 되어
입장권을 내고 들어가야 하는 사랑에게
아무 효력이 없다고 말리고 싶네요.

창가에서

어머니
그리움을 잊어버렸습니다
초등학교 입학시절
코 흘리는 개나리처럼
까막눈인 나는 종일토록
연필심만 물어뜯었지요
떠나시고
다시 글을 배웁니다
가슴으로 읽는 일은
두 번을 다시 살아야 하는 일
아무도 가르쳐주지 않는
절박한 언어
먼 곳에서도 당신이 나를 가르치십니다.

비오는 새벽

천지간에 나누는 이야기를 살짝 들어봅니다
당신은 얼굴 대신 늘 그런 식이었지요
불립문자처럼
두고두고 전설로 내려오는
오늘은 부처님의 설법을 듣습니다
아니지요
공손히 어디서든 무릎 꿇고 앉아
경청하는 내가 더 문제가 된다더군요
기상이변이 되기 전까지는
꾸물거리는 새벽을 기다리며
이제 그만 라디오를 끕니다
흠뻑 젖겠습니다.

오래전 가을처럼

일을 나서다가
아주 사소한 일에 마음을 멈춘다
늦장을 부리는 일이 일과보다 더디어진다
당신은 가을이라고 말했지만
나는 이미 서서히 잊고 있었다
언짢은 듯 들판도
이 가을을 보내고 있다
누구는 떠나는 것에 차라리 익숙해진다고 할 때
난 그냥 웃음만 흘러보낸다
그래도 당신을 만나기를 참 잘했다고
어디선가 내가 나를 향해
쓸쓸히 등을 쓰다듬고 있다.

오늘도

딱 두잔 이면 얼큰해지는 어둠을 안고
오늘도 혼자 드는 방
낯선 익숙함으로 고요를 켠다
비울수록 꽉 차는 것이
세상에 그리 많지 않은데
말수가 없는 당신의 마음이
밤새도록 왜 이리 시끄러운지.

아침호수

딱 숨이 멎을 것 같아
그곳을 찾았습니다
차로 반 시간만 달리면
내 생을 진단해 줄
하얀 가운의 그
진료비 대신
오늘도 내 눈물을 반납합니다
울지 않겠다는
몇 번의 다짐을 놓고서야
그곳을 떠날 수 있습니다.

약국 앞에서

이놈의 약골은
처방전도 없다
늘 골골한 나는
사랑 앞에서도 자주 넘어진다
남들은 잘도 꿀꺽 삼키는
뻔한 말 한 끼도
몇 번을 씹어야 겨우 목구멍으로 넘기니
이래가지고서야
더 늙기 전에
애수 같은 로맨스 꿈이라도 꿀 수 있는지.

시를 쓰다

농담처럼 녹차를 끓여내며
화들짝 그녀가 웃는다
지루하게 오래 된
나와 그의 인연이
티벳같아 보였다
한잔의 웃음이
끓는 물보다 더 뜨거웠다
이 지나친 말을 농담이라고
내게 가볍게 안기며
당신 결혼까지 묻어 말하겠지
모처럼 한편의 시를 듣고.

커피미학

맛있게 커피 타는 법을 알려드릴께요
이 간단한 한잔의 말속에는
약간의 누런 설탕과
막 구어낸 커피 알갱이가
잘 녹아져있지요
인스탄트같은 말은 사양합니다
적어도 이 순간만큼은 원주민처럼
얄팍한 처세는 버리고
활과 창만으로 생을 잡으러 가자구요
철철 피 흘리는 한 마리의 생을
잡아다 놓고
막상 어쩌지 못하는 나를
차분히 가라앉히기 위해
맛있게 커피 타는 법을 알려드릴께요.

첫사랑

놓친 것이 무엇인지
아무리 살아도 잘 모르겠습니다
나무 끝에 걸린 연처럼
사연은 바람 따라 흔들리기만 합니다
이따금 잠덧을 하는 것은
무량한 몸짓이라고
하루하루 더디게 생각을 해봅니다
어디만큼 흘러가고 있는지
어느새 내가 더 빨리 그곳에 가 있습니다
어느 날 내 곁을 스쳐 가도
나는 알아보지 못할 것입니다
그것이 끝내 아름다운 이별이었다면
오늘도 이쯤에서 안부를 접을까 합니다.

첫눈

모진 기다림이 뭉치면
어디로든 던져야겠지요
눈을 맞는다는 것은 먼 손짓이
오래 나를 찾았다는 말로도 들립니다
올해 첫눈은
유독 경제에 둔감해진 귀로 맞겠습니다
멍투성이인 마음은
몸으로 말하는 불립문자라는 걸
저 천 년의 언어인
첫눈이 알려주고 있습니다.

2부 해후

해후 · 1

살아서 두 번을 만난다는 것에
꼭 의미를 두는 것은 아니지만
자다가도 깜짝 놀라는 것은
혹여 꿈일까 고백합니다
어디까지가 생시인지 꼬집어보지만
생은 벙어리처럼 울지도 않는
무뚝뚝한 대지에 피는 것들을 그리지요
이제는 눈보다는 귀가 필요하다는
사랑을 논문처럼 쓰다가
부질없이 지우기도 했다가
이것조차도 복이라고
밑줄도 긋다가.

해후 · 2

삼시 세 때를 꼭 챙겨 먹는 남자랑
먹는 것만 봐도 얹히는 여자랑
이 재미난 사이가 찰떡궁합이라고
그래서 합이 들었다고
사주팔자 같은 소리를 해대는
내가 나에게 하는 말
대중의 관심을 떠나
내가 택한 문인의 길에
당신이 글감이고 낭만이고 시 한 편인 것을.

해후 · 3

지난여름에는
북태평양 고기압이 확장되어
폭염의 이유가 되었다는데
내 몸의 향로봉쯤 되는
심장어딘가는 일기예보 생략
오늘은 휴일입니다
주인은 없고 손님만 남은
빈 몸입니다
당신이 다녀간 뒤로
영원히 사랑을 폐업한
망할 작정하고 가게 문을 닫은
나는 영업을 모르는 여자입니다
비가 그칠 때까지.

해후 · 4

사랑은 착시효과란다
겨울에도 봄이고 비가와도 꽃이 핀단다
당신이 말했다 마음먹기라고
집으로 돌아와 내내 그 말을 되뇌인다
내가 누군지 잠깐 까먹는다
오늘이 언제인지 다시 오지 않는다 해도
겁이 나지 않는 것은 당신 때문이다
심지어는
믿는 데가 있어서 아무것도 두렵지 않다.

해후 · 5

오래간만에 라면을 먹어봅니다
반쪽만 끓일 생각입니다
양이 그것밖에는 되지 않으니
나머지 반개는 언제 먹을지 모릅니다
그렇게 지금껏 살아왔습니다
당신을 다시 만나서 변한 것은
아무것도 없습니다
돈이 없던 시절
한참을 뒤져서야 찾아낸
당신은 귀한 나의 그것이었습니다
마음이 끓는 동안
잃어버린 반쪽을 기억해낸
가장 편한 나의 그것입니다.

해후 · 6

서울로 가는 고속버스 안에서
읽다가만 신문을 마저 읽습니다
거리는 사람들의 표정을 활자로 인쇄하느라
시종 바쁩니다
내가 만난 소식은 늘 캄캄합니다
어두운 속도로 달려오는 피사체를 보내며
그날 당신을 다시 만난 조용한 시간을
음미해봅니다
거친 것은 오히려 나였습니다
뜻밖에 읽은 조간신문처럼
아침 우유를 닮은 당신
쉬지 않고 달려가는 동안
서울은 없을지도 모릅니다
내일 기사가 나갈 때까지.

해후 · 7

요리강습을 하는 날인데
몸이 말이 아닙니다
무엇을 더 잘 먹고 살겠다고
이리도 바쁘게 몸을 움직여야 하는지
수강생들을 볼 때까지도 난 잘 모릅니다
그의 아쉬운 삶을 이제라도 맛을 내고 싶어
제철에 먹어야 몸에도 좋고 맛있는
오늘은 그의 이십 대가 나의 강의제목입니다
사랑도 음식처럼 손맛이라는 것을
가르치면서 배웁니다
그대의 잃어버린 시간 때문에.

해후 · 8

선천적으로 저음인 목청으로
바람이 창을 흔듭니다
부르다 만 노래라도 있는 듯
다시 들려줄 이야기가 있는 듯
조금 열린 문틈으로
비집고 들어 올 요량입니다
여름날 번개가 친다든지
혹은 천둥이 억세게 내려칠 때
잠깐 왔다가 사라지는 신비한 힘
보이는 것보다 더 무서운
잠깐 왔다 사라지는 것들이
당신을 만나고 나서는 더욱 절실합니다
겨울바람보다 더 매서운 사랑의 속도 앞에서.

해후 · 9

시가 도저히 써지지 않는 밤
이불 덮고 자는 잠속으로도 그를 끌어들입니다
과거와 미래의 방문이 허락되는 유일한 공간인
꿈을 꾸는 동안에 나는 천재가 됩니다
이처럼 편한 한 편의 시가 또 있을지
잠은 자는 것만으로도 충분히 이야기가 됩니다
끝내 내가 놓지 못했던 한 자루의 연필을 들고
지금껏 써내려간 사랑은 몇 편이 되는지
아직도 탈고를 못 하고 있는 사랑에 있어서는
나는 영원히 무명작가입니다.

해후 · 10

아파트의 구조가
유난히 섬처럼 느껴집니다
체리로 요기를 끝내고
머나먼 나라를 돌아왔을 해를 맞이하면서
체리보다 더 붉은 동쪽을 생각합니다
남향으로 집을 지어
딱 삼십 년만 살고 싶다고
촌스런 편지를 입으로 쓰다 맙니다
어느 방향으로 가야
오늘도 귀인을 만나는지
당신은 교신을 끝낸 종군기자처럼
사막의 모래바람만 문자로 날립니다
오늘은 방을 좀 닦아야겠어요
모래가 목젖까지 버석이게 합니다
나의 유일한 타클라마칸.

해후 · 11

달래듯 폭염을 보냈는데
태풍이란다
하나 겉이면
또 하나가 숨어있는
우주의 눈
아무리 뒤져도 찾아낼 수 없고
눈 마주친 적은 없지만
뒤통수처럼 생을 후려치는
폭염과 태풍이라는 이름으로
한바탕 쓸고 가는
너.

해후 · 12

사납다 저 여자
홀기며 부는 바람
눈도 깜짝 않고 서 있네

오십 년의 바람
불지 않아도 흔들리네
우주도 가만히 지켜만 보네

문을 열다가
서로의 등을 보고 말았네
열병의 시작이었네.

해후 · 13

하루에도 몇 번씩 물었다
감당할 수 있느냐고
오답을 얻기 위해 지리산 등골짝까지
차를 몰기도 했다
돌아오는 길엔
노을 아래 목놓아 울기도 했다
그러나 해가 진 산골짜기처럼
가슴의 해는 너무 일찍 졌다
길을 찾다가
그렇게 오답 쓰는 법을 배웠다.

해후 · 14

바다 병치는요
둥글고 넓적한 것이 꼭 당신을 닮았데요
표정도 잘 변하지 않고
너른 바다 한 귀퉁이만을 서성인 듯
그 부분에선 밑줄을 긋고 싶다는
아무도 모르는 나만의 암호를
난 늘 내가 나에게 전송을 한다지요
무슨 말이냐고 화를 내듯
퉁명스럽게 바다를 뱉는 당신 때문에
밀물과 썰물로 통통하게 슬픔의 살이 오른
알고 보면 내가 병치인지도.

해후 · 15

생을 통털어 한 권의 책이라고 말한다면
아직 다 넘기지 않은 어느 페이지 너머 당신
손에 땀을 쥐고 사춘기는 너무 빨리 넘긴 책장
이해가 안 되는 이유입니다
인연을 어떻게 해석해야 하는지
강의 시가 내내 고민해봅니다
온갖 서적을 뒤적여봐도
다시 만난 인연의 불가사의는
절처럼 깊은 곳에 자리 잡고 있는지
도시에 길들여진 한 여자의 운전실력은
몇 번 더 혼줄이 나야 터득할 수 있을까요.

해후 · 16

당신 때문에 서운한 내가
도저히 납득이 가지 않는 밤입니다
말 붙이기도 힘들었던
그날을 기억하면 이해가 가겠지요
남녀 사이는 참으로 미묘해
한가지 이유로 평생을 보내기도 한다지요
지인을 뵙고 돌아오는 길
강을 끼고 우는 서러운 저녁달을 만나봅니다
저녁 샛강엔 어느새 잔별들이 떠 있는데
빈 가슴으로 산과 산을 오가고 있네요
다시는 돌아오지 않을지도 모릅니다
눈물겹도록 아름다운 저물녘의 당신.

해후 · 17

내가 가진 재능을
누구는 부럽다 하고 누구는 배운다 하고
한없이 여린 이 작은 나를 두고
누구는 엄청난 누구는 분에 넘치는
당신이 지켜준다는
이 작은 나의 빗금친 부분들이
오늘은 쪽빛 가을로 한창일 것을
오래 사모하다 지친
추수 끝난 빈 들판인 것을.

해후 · 18

오늘은 동지입니다 그대
해가 참 짧습니다
마치 오래된 전통처럼
팥죽을 쑤고 있습니다
이 못 말리는 의식을 가진
팥처럼 오래 불려야 마음이 보이는 한 여인을
당신은 잘 우려낼 것을 믿어봅니다
더도 말고 한 그릇만
맛있게 사랑을 먹고 싶습니다
뜨거운 그것을 식혀가면
진짜 팥죽, 아니 진짜 사랑을 끓이는
이 미련한 여자.

3부 오페라를 보다

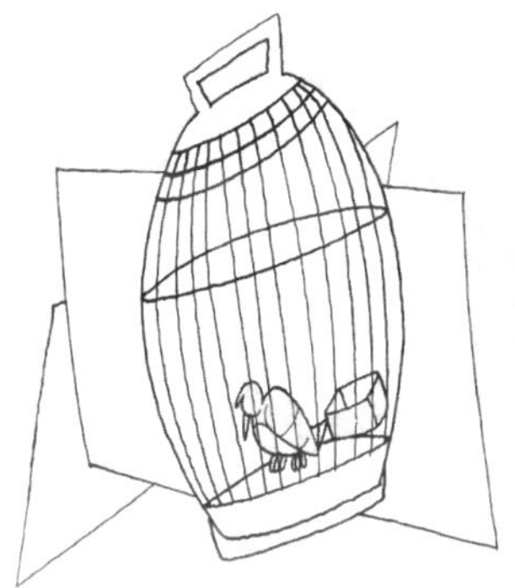

오페라를 보다

잘 익은 소리의 대궁만 골라
신께 바칩니다
막이 이미 올라있네요
오늘 역할은 조연입니다
누군가가 이미 준비한 대로
깊음 곳에서 울음 우십시요
듣기 따라서 노래로 들릴 수도 있을 테니까요
무대를 떠나야 당신입니다
대본대로 멀리 떠나야 합니다
절대음감은 사람에게는 없답니다
당신이 자연으로 회기 하는 동안
누군가는 열심히 아이를 낳고
나무들은 하루를 인쇄하고 있겠지요
음표는
카르멘처럼 아직 죽지 않고 있습니다.

성벽아래

도시의 한가운데
오래된 성벽을 본다
그가 지키려는 건 하늘
의외로 그것을 아는 사람은 많지 않다
당신을 놓고 참 많은 것을 생각했다
미래의 불투명한 나와 현실의 괴리감
듣고도 모르는 척하는 하늘처럼
당신은 나를 내려다보고만 있었다
얼 만큼 더 많은 시간을 허물어야
나는 그곳으로 마음 이동할 수 있는지
지키는 이 아무도 없는 당신 마음이
이 도시보다 더 썰렁했다
하루에도 몇 번씩 성벽 근처를 얼씬거렸지만
열리지 않는 것은 문이 아니었다
당신 스스로가 쌓은 벽이었다.

그 친구

꽃을 보러 갔다가
눈길이 간
마알간 찻집 아래 그가 살고 있다
아무도 모르게 그의 책을 훔쳐본다
어디쯤에 빗금이 쳐져 있는지
실종된 사람처럼 그의 이름만 부르다 그쳤다
하루에 한 번
취미처럼 독서를 한다
아무리 읽어도 그를 알 수 없다.

편의점에서

당신 마음을
깎는 일이 절대로 없지요
매순간 영수 처리하는
지독히도 정확한 당신
가끔 컵라면으로
한 끼 때우는 것도
도시를 닮은 당신 스타일
아무것도 사고 싶지 않지만
습관처럼 문을 열고 들어섭니다

거리에서

바람 숭숭 난
중년의 바람이 뼈에 사무친다
오늘은 놀다가 늦게 들어갈 작정이다
막상 갈 곳이 없는지 해는 그 길로
곧장 들어가 버렸다
마음먹은 대로 되는 일이 하나도 없다는
남동생의 말이 머리에서 맴돈다
아래위 순서대로 피어있는 건
꽃뿐만이 아니다
어른 노릇 못해 미안해
아침에 눈을 뜬 기억이 선명한 것은
폐경기만큼이나 아픈 기억이다
몸뻬만 걸치고
가을이 주책없이 잘도 돌아다닌다.

동구 밖 그늘에서

때 구정물 가득한
남동생처럼 찾아와서
얼굴 씻겨달라고
칭얼대다 사라지는
저 문밖의 시절.

파리제과 앞에서

새벽 일찍 일어나
하이디 같은 원피스를 입고
골목을 달려나가면
마악 빵 굽는 냄새
그렇게 살고 싶었다
원두커피 한잔으로도
오늘 하루를 다 마신
가장 배고픈 여자
내 청춘의 허기가 느껴질 때마다
멈추는
그 집 앞.

시력이 말하는 것

늙은 나무가 나를 들여다보고 있다
바람이 한참 놀다 간 마당 한 귀퉁이
둥그런 탁자 모양의 형상을 하고
한차례 소나기도 다녀간다
떡갈나무 숲을 지마
아침밥을 안치고 돌아가는 이른 산새의 가르침
엄마는 설익은 밥을 평생 마음으로 드셨다
반세기가 지나도록
손톱은 물들지 않았고
봉숭아 담벼락 심심한 바람만 저 혼자였다
누구도 당신을 말하지 않았다.

일요일아침

인스탄트 음식으로
오늘 하루를 때우겠습니다
삼분만 전자레인지에 넣고 돌리면
당신 마음도 해동시킬 수 있지요
늦잠을 자도 오늘은 그냥 넘어가야 합니다
한 주간 밀린 사랑을 세탁하는 일이나
모처럼 창문을 열어놓은 일로도
휴일의 관계는 유지됩니다
오늘은 주기도문처럼
경건하게 당신을 외우겠습니다.

별자리 이야기

무엇을 품었기에
저리도 악착같이 빛나는 걸까
젖을 뗄 때까지
끈적끈적 빛나는 저 눈은
세상에 아무도 모르는 통로를 따라
나 여기에 왔다는 거
먼 별자리 이야기가
세월 속에 순하게 큰
바로 나의 자리라고
유독 내 눈에만 보이는
오늘 밤.

연밥을 먹으며

문을 닫고
도시는 잠이 들었다
왜 계속 불을 끄는 거니
어둠을 앉히고 돌아오는
저녁 일곱 시의 발걸음은 가볍지만 않았다
당신이 돌아올 때까지
내가 삼키고 살았을
일상 속에 저 오래된 뿌리와
나긋나긋한 잎들의 시간
오후의 주문이 끝난
이 별식 같은 만남.

하루에 한 번씩

꽃의 시력이 약해진다는 것이나
강의 주름이 깊어진다는 것
해의 걸음이 느려진다거나
달빛이 흐려진다는
혹은, 나무가
잠깐
천 년을 쉬어간다는.

그대 창가에서

다 살다 가는 것은 아무것도 없었습니다
불러보는 것이 어쩌면 마지막일지도 모릅니다
이름보다 더 오래 머물 당신의 목소리
희한하게도 마음보다 먼저 들려왔습니다
그것이 인연이었다면
더 이상 부르지 않겠습니다
세상은 아무것도 내려놓지 않고 있습니다
내일이면 다른 이름으로
우주 안의 무엇이 또 꿈틀거릴까요
마음이 다시 태어날 것을 믿어봅니다
당신을 믿지 못해 미안합니다.

일출아래

사전처럼 살아있는 언어를 만나고 싶다
오늘은 그가 태어난
몇 번째의 생일이던가
이제 맞이할 건 태양 아래 작은 나라
창이 있고 누군가 곁에서 그를 깨워줄 수 있다면
꽃보다 작은 언어로 그의 백성이 되리라
사랑은 끝내 일어나지 않는다 해도
오늘은 내가 먼저 그를 맞이하리라
눈부신 아침에.

드라이플라워

마음이 가더니
덩그러니 꽃만 남는다
이제는 부서지는 육신만
영정처럼 남아있다
그래도 그것을 꽃이라 부르는 건
꽃에 대한 마지막 예우,
칭송하듯 모두 다 입을 모은다
한때 한 남자에게 다 바친
한 여자의 생애가 벽에 걸려있다
이제 더 이상 연락을 기다리지 않는다.

담쟁이 넝쿨아래

오래된 연인처럼
오늘은 팔짱을 끼고 시내를 돌아볼까요
아날로그 연인이 흘러나오는
라디오의 템포에 맞춰 아직 금기가 너무 많네요
러브호텔을 지나 한참을 가다 보면
우리만큼 편한 사이도 없을 것 같다는 생각
오늘까지는 늘 그렇습니다
당신이 금 그어 넣은
어디까지가 우리의 선인지는 잘 몰라도
그냥 따라갈게요
사랑도 때가 되면 다 알아서 귀가하겠지요
나이를 잊고 새색시 꿈을 꾸다가 들킨
도심 속 불빛처럼 오래 비추어만 준다면
우주의 망막한 지도 속에서
당신은 잘도 찾아낼 것입니다
이제 막 집에 도착했어요.

김장하는 날

말이 안 되는 소리로 들리겠지만
난 이날이 가장 조신해지지요
배추밭의 배추는……
무밭의 무우는……
모르겠어요
이 손맛이 어떻게 익숙해졌는지
겨울 내내 당신이 먹고 음미할
딱 먹기 좋을 만 할 때
정갈한 당신 식탁에 오르는
그 맛깔스러운 상상만으로도
난 그저 조신해지지요
첫날밤 신부처럼
아주 조신해지지요.

화원에서

당신이 자주 찾는 이곳에는
햇살이 인공으로 바뀌는 오류가 일어나지요
다육을 찾는다구요?
아무것도 첨가하지 않을 때야
마음을 만질 수 있지요
주인이 모르는 꽃의 마음을
싯가 얼마로 구입할 수 있을런지요
당신이 들여놓은
베란다 자연들 속에
나도 한창 피고있는지요.

생에 기로에 서서

문을 열다가
손잡이를 보았습니다
하루에도 수십 번 잡아다 놓는
내가 모르는 저 문을
어느 날 당신이 열어놓았다는 사실조차 모를까 봐
돌아섰다 반복하기를 수차례
어디로 가야 할까요
아직도 어려운 내 생에
몇 번씩 마음을 열어보지만
갈등이 가장 아름다운 꽃이라는 듯
오늘도 문앞에서 서성이며 피우는
나도 모르게 피는 꽃.

빗금을 치다

괄호 밖으로 밀려 난
기억들을 하나씩 더듬어봅니다
어제는 밤하늘이 복사해놓은 어둠을
혼자 들여다보았습니다
수신제한 구역이 되어버린
당신의 밤은 얼 만큼 취해있는 것인지
이 작은 사랑의 위조를
공증이라도 하듯 별만 홀로 반짝입니다
내일이면 빗금친 마음이
누군가로 다 지워질 수 있는지
어둠이 뒷굽을 갈아끼고 있는 동안에.

얼음위에서

지상은
알고 보면
참 발이 시린 곳인데
미안하게도
당신을 위해 준비할
한 벌의 마음을
아무에게나
싸게 판
죄.

놓고갑니다

장미아파트 초입
문 연지 얼마 안 된 그 세탁소에서
부탁한 겨울양복 찾아가세요
당신이 부탁하고
내가 맡기고
비처럼 혹은 눈처럼
그곳에서 내리지만
한번도 만난 적 없는
놓고갑니다
지상에 없는 그것.

4부 오후시간 내내

오후시간 내내

오후시간 내내
난 너에게로 퇴근을 한다
다 까먹은 빈 도시락처럼
가슴은 소리만 유난하다
꼭 내가 엉망일 때만
당신이 나타날까 봐 겁이 나지만
오후시간 내내
아직 그에게서 아무 연락이 오지 않았다.

그 남자

그 남자에 대한
내 안목은 여기까지입니다

오늘은
단 한 벌뿐인 그 남자를
벗지 않고도
다 보여 주겠습니다

속옷보다 양발 벗는게
더 쑥스러운 도시 여자는 아직 아니지만

그날 밤
수건과 욕조바닥보다
그 남자가
더 마음에 걸렸습니다

일시불처럼
입을 굳게 다물고
찜찜한 사랑으로는
지금껏 아무것도 살 수 없지만
지갑을 열 때마다 큰돈을 낼 것 같은
간 떨어진 사랑은 얼마인지요.

추수감사제

가을이면 나도 가끔
누렇게 익는가

익은 만큼이 내 모습이라면
추수하듯 감사히 나를 거두어야지

늘 몸이 먼저 말을 걸었지

그 교만한 살점 위로 피우는
아픈 꽃 하나를 기쁘게 수확해야지
바늘 끝이 점점 떨리며
나를 읽어낸다

볕 좋은 날
가늘고 긴 가을을 만나면

그 제단 앞에 사제처럼 엎드려
기도 할 수밖에.

가을

이 절대 고요를
100℃라 말하고 싶다
끓지 않고는
어찌 여자라 할 수 있는지
놋수저처럼 마음이 휘는
이 절정의 계절에
당신은 어디에 있는지
초라한 주변을 보며
나는 지금 살고 있다
몸보다 마음이 먼저 데인
우표 한정으로 등 떠밀어 보낸 첫사랑
하필
화로 같은 오후 세시에 앉아
그의 이름을 청명히 부르고 만다.

펜지니아를 만나다

도면에 그려진 대로
사랑을 설계해 주세요
우리 동네를 지나
자주 만나던 풋소년
아마도 그때 처음 만났을 겁니다
나의 첫 마음은
지금도 그대로입니다
저 햇살은 여전히
방향을 타네요
어른의 눈을 피해
한 번쯤 꿈꿨을 거예요
혹한을 견디지 않고도 피는 꽃을
이사를 간 그 아이가
남겨둔 향기처럼.

개나리가 피다

지천에 핀 봄을
아주 쉽게 읽고 지나가는 길
아무도 그 노란 기호를
잘 알아듣지 못한다
백내장에 걸려
눈 까지 먼
노 할머니의 중얼거리는.

사노라면

매일매일
저 사소한 것들이
새롭게 발견되게 하소서.

안개 낀 날

아무리 생각해도 모르겠습니다
전체인 당신과 일부인 당신
터널 같은 어둔 마음주변을 서서이다가
자욱하나 남기지 않고 이동했다는
드문드문 그림자만 목격된다는 당신
이 서툰 만남이
부디
불의의 사고가 아니기를 바랍니다.

낮잠

한나절 봄날이 가고 있습니다
색동옷을 다 벗어놓고
다시는 오지 않을 청춘이 흘러가고 있습니다
입술이 부르트도록 매달리던 시간이
자고 일어나면 다 허무해집니다
낮잠을 한참 자고 일어나
먼 산을 보면 어디선가 한나절 꿩이 울고
밭에나 간 엄마는 반백의 노인이 되어 돌아옵니다
세상은 다 헛것처럼
다 꿈인 것이라고
누구나 한 번쯤 낮잠을 자고 일어난 그 기억에
마음의 퇴행을 하겠지요
나의 투정이 봄날에서 기인된 것처럼요.

둘레시장에서

살 한 점을 떼어내듯
시간은 한복판에서 종일 떠들고 있다
미아가 된 구름도 유원지를 한참 돌아
멀리 출타 중이다
두 시간째 그를 기다리고 있다
오늘 팔아야 될 목록들은
빙빙 허공만 맴돌고 있다
믿지지 않는 사랑을 하려고
발버둥치는 사람들
생업에 뛰어든 저들의 모습이
초심으로 보인다
삶은 본전만 찾아도 남는 장사란다.

입동(立冬)지나

늦은 시각
당신의 문을 노크하는
이 때 묻지 않은 어둠 한 그릇
당신이 다 비울 때까지
눈보다 빨리 녹지 않다가
이 겨울 내내
마음속에 잠복할 것을.

건널목에서

신호가 바뀌었습니다
한 생이 또 교차하는군요
천천히 건너셔도 됩니다
사랑도 밟힐 때가 있거든요
아직 파란불인데
정지선을 두고 참 묘한 광경이 벌어지고 있네요
늘 서둘렀던 당신
몇 초를 사이에 두고 당신은 시동부터 걸었지요
닦달한다고 사랑이 앞질러갈 수 있나요
마음을 중립에 놓고
그렇게 흘러가자구요.

봄을 앓다

여러해살이 식물처럼
나는 화분을 거부한다
내가 흙이 되는 시기
겨울에서 봄으로 가는 길은
내 몸 같지가 않다
시름시름 봄날이 가도록
난 가는 봄을 바라만 보고 있다
할머니도 어머니도 봄엔 유독 말이 없으셨다
삼대째 내려오는 이 거룩한 계보를
유전병처럼 나도 앓고 있다.

사과꽃이 지면

열린 문으로 낙과 떨어지는 소리 들린다
아무것도 들은 것 없다는 듯
야반도주를 했다는 옥이언니 소문은
그해 사과꽃이 필 때까지 무성했다
난 그저 과수원 옆을 걷기만 했다
인연이 열릴 때까지
저 소리 없는 문이 몇 번을 열려야 하고
눈을 피해 얼마만큼 당신을 사모해야 하는지
사과꽃은 소문보다 더 무성히 지고
나는 다시 그 계절을 기다려야 한다는.

겨울에서 봄으로

내년에는 바뀌겠지요
정장을 꺼내입고 저 나무
자꾸 무언가를 서두릅니다
한 벌씩 갈아입는 계절 앞에서
봄이 다가올 마음을 당신이 알기엔
벅차기만 한 건가요
내내 시무룩하다가
원래 겨울에서 봄으로
당신의 등줄기를 타고 뻗어 나가
다시 태어날 건가요
우리 심다가만 사랑.

사실은

등사실의 어둠을 빌려다
내가 나를 채점해 보는 시간
유독 많은 오답에 스스로 놀란답니다
사랑은 주관식이라
만점이 없다 하지만
내가 쓴 이 오답들이 당신을 통과할 수 있을까요
혼이 나고 돌아올 때마다
내가 쓴 답안지를
노을만이 답을 인정해줍니다
사실은 정답이 없는 거라고.

태풍부는 날

그날
예고 없이
당신은 내게로 불어왔습니다
살면서 꼭 한번은 만나게 된다는
그 초자연적인 사람 앞에서
나는 두서없이 무너지고 말았습니다
산도 흙도 집도 다 떠내려가고
나만 달랑 세상에 서 있었습니다
그렇게 만나
집을 짓고 살고 있는데
떠내려갔다고 생각했던 것들이
희한하게도 다 제자리에 있었습니다
세상이 뒤집힌 게 아니라
내 눈이 뒤집힌 것이었습니다.

물음표

기차는 참 오래도 달립니다
어디서 탔는지 잊어버린 지도 오래됩니다
옆좌석의 그녀는 내내 잠에 취해있습니다
삶은 계란과 김밥처럼
이제 사랑도 입맛이 변해버렸네요
내 잠든 사랑을 아직은 깨우고 싶지 않습니다
잠이 깨면 내려버릴 것 같아서지요
처음부터 우등을 끊지 못한 건
오래오래 달리고 싶어서였습니다
그런데 물어보겠습니다
지금은 어디를 지나고 있는 것인지요.

스마트폰처럼

난 구식으로 사랑한다
생선은 꼭 가시째 발라먹어야 하고
김치는 물 말아 길게 찢어먹는
그리고 아직도
당신 마음을 한번에 받지 못하는.

어죽집에서

처음으로 그를 혼자 두어서는
안된다는 생각을 해보았다
가만히 보니
그간의 시간 그는 많이 변해있었다
연신 내 눈치를 본다던가
했던 말을 또 반복하고
음식을 씹으면서도 살아야겠다고 말을 했다
대답 대신 찬종류를 그 앞으로
밀어 넣으며 난 입가를 닦았다
그게 아직 서툰 우리 둘만의 사랑법인지
가끔 서울에 전화해 물어보지만
세상은 언제나 불통이었다.

늦가을

가장 고급스러운 이 저물녘을
눈물겹도록 내가 바라보고 있다
정장차림으로 일찍 나선 건
오히려 빗나간 선택이었다
이쯤에서 받은 편지들을 정리하는 건
나에 대한 그의 배려일지도 모른다
가끔 하늘을 올려다본다거나
전생의 소리를 외면하는 몸짓
불가사의하다고 느끼는 건 의외로 몸이 더 빨랐다
몸에서 마음이 멀어지는 시기
지금은 사랑의 적령기이다.

늦은 안부

그냥 오늘을 살면 되겠지요
당신이 용서하지 않을 범위내에서
굳이 많은 음식은 먹지 않을 것이며
지나친 잠도 마다하겠습니다
나의 선택도 그리 넓지 않기에
끝내 밝히지 않기를 잘했습니다
바람이 불고 어디선가 당신도
같이 흔들리고 있겠지요
우주가 나대신
다 해줄 것을 믿고 싶습니다
긴 시간 다녀온 뒤로
오래 일상에 머물 계획입니다
안녕히 계세요 내 사랑.

모악산 가는 길

오래 다니다 보면
길이 생긴다 하지요
뜻밖에 산으로 길을 낸 당신
그 산이 오늘은 반갑습니다
나만큼 애를 먹이고서야
이제 한없이 익숙해진
산을 오르는 일은
그 날 내게 다녀간 당신
깊고 험하게 오르는 것이
그 산에 또 있었습니다.

수업시간에

태어나서
처음으로 귀에 들어온 단어는
무엇이었을까
그것만 알면
시험문제를
다 맞출 수 있을 것 같은데.

사랑학 개론의 문학적 변환

이 상미

처음 만났을 때의 그녀를 기억한다.
얇은 두건과 눈에 띄지 않는 파스텔톤의 옷을 입고
그녀는 자신의 생각에 푹 빠져있었다.
잘 웃지도 않았지만 전혀 화를 내지도 않았으며
나와의 첫 대면을 할 때는 은근히 자신의 에너지
를 보여주기도 했다.

그녀는 풋풋했다.
뿐만 아니라 요리와 주변 사람을 챙기는 손맛은
그녀의 오래 된 일상이기도 했다.

그녀의 첫 시집 " 온전히 사랑만으로"의 상재를
축하한다. 음식을 만들 듯 글쓰기 또한 맛깔나게
만들었을 것이라는 기대와 함께 그녀의 작품 속
으로 따라가 본다.

시는 조물주가 만든 최고의 우주식품이기도 하다.
태초의 만들어진 그대로 용법과 용량에 맞춰 먹

는다면 아마도 핵폭탄의 불안도 애초에 없었을 것이라 믿는다.
누군가를 위해 음식을 만들었다면 그 자체가 이미 습작의 시기를 보낸 것과도 다를 바가 없다.

전혀 조미료를 쓰지 않고도 맛을 내기 위해 산과 들을 쏘다니며 그녀는 생에 진짜 맛을 내는 비법들을 몸소 깨우쳤을 것이라.

화원에서

당신이 자주 찾는 이곳에는
햇살이 인공으로 바뀌는 오류가 일어나지요
다육을 찾는다구요?
아무것도 첨가하지 않을 때야
마음을 만질 수 있지요
주인이 모르는 꽃의 마음을
싯가 얼마로 구입할 수 있을런지요
당신이 들여놓은
베란다 자연들 속에
나도 한창 피고있는지요.

-화원에서 전문-

시를 쓰는 일은 선에 드는 일과 다를 바가 없다. 무욕의 마음으로 고요와 함께 몰입하면 눈앞에 모든 것이 일상이고 평범이며 기적이 된다. 다시 바꾸어 말하면 삶의 어느 순간도 축복이 아닐 수 없다.

폐쇄된 공간도 에덴으로 바꾸는 신비한 능력은 일찍이 자연과 접하며 살아온 그녀 삶에서 기인된 것이라 본다.

또한 첫 구절과 마지막 구절의 수미상관관계에 있어 조금도 충돌이 없음은 많은 습작과 퇴고가 있었음을 자연스레 증명해주고 있다.

하루에도 몇 번씩

수심 깊은 저 강을
하루에도 몇 번씩 건너갑니다
물위에 있는 나와
물 밖에서 생을 건너고 있는 당신
어제 내린 비로
저만큼 떠밀려 내려간 나를 확인합니다

젖지도 않고 빠져보는
무욕의 사랑이 흥건하다는 것을
이 밤 몰래 강을 건너는
내 뒤를 쫓아오는 당신은 누구.

-하루에도 몇 번씩 전문-

더듬어보면 우리는 태어날 때부터 누군가의 감시 속에 살고 있는 듯하다.
보이지는 않지만 분명 존재하는 사랑도 그 중의 하나임을 믿는다.

문학의 힘은 발설에 있다.
나의 이미지를 통하여 보고 느낀 것들이나
형태와 언어를 초월한 우주의 에너지를 아가는 근원적 모습이 시속에 역력하게 살아있다.

8행의 '무욕의 사랑이 흥건하다는' 역설적 기법을 통해 새삼 사랑의 반추를 시도함이 예사롭지 않다.

겨울저녁

뒤뜰에 묻어놓은 김장독처럼

겨울이 익어간다
그 사실을 이제야 깨닫는 것은
바람 든 무처럼
내동댕이쳤던 시간들의 덕분이다
추울수록 더욱 깊은 맛을 내는
쓰디 쓴 사랑을 준비하면서
나의 겨우살이는 그렇게 끝냈다
당신과 내가
그 사랑을 언제 꺼내 먹을 수 있을 런지
해가 바뀌어
다시 봄이 오기 전에
그 독을 다 부셔내야 할텐데.

-겨울저녁 전문-

누가 그녀의 삶을 딱 잘라 말 할 수 있을까? 한편의 시 앞에서도 수없이 절망하는 밤들을 보내보았다면 나의 눈과 귀와 모습들을 분명히 부정할 수 있을 것이다.

절벽 끝에서야 만난 붉고 환한 생의 꽃, 자기의 부재를 인정해야 비로소 만날 수 있는 니르바나가 '겨울저녁'의 열쇠 속에 숨어있는 듯하다.

노을

쌈을 싸서 먹는 데
목이 메인다
어머니라는 이름으로
살고 있는 나라
저곳은
철 들기 전에
바라보아야 보인다는
눈시울 적시는 황혼의 한 켠
끝내 울 일 밖에는 없는
세상 다녀간 흔적인가.

-노을 전문-

그녀는 어떤 맛의 사랑을 내고 있을까. 작고 야무진 손으로 갖은 맛을 내면 사랑도 완성이 될까.

얼 만큼 더 끓여야 세상에 내 놓을 수 있을까. 사랑의 실패는 문학에 어떤 지대한 작용을 할까. 불법주차는 두고두고 음미해볼 우리 모두의 숙제이다. 미시 안을 거시안적 안목으로 끌어 올리는 문학적 미래가 자못 기대된다.

안개 낀 날

아무리 생각해도 모르겠습니다
전체인 당신과 일부인 당신
터널 같은 어둔 마음주변을 서서이다가
자국하나 남기지 않고 이동했다는
드문드문 그림자만 목격된다는 당신
이 서툰 만남이
부디
불의의 사고가 아니기를 바랍니다.

-안개 낀 날 전문-

통보를 보내 듯 위의 시는 섬뜩한 느낌까지 들기도 한다. 사랑을 시작하면 그때부터 세상은 다 안개속이다.

불투명한 그 속을 다 들여다 볼 수 없어 작가는 허구로써 사랑을 완성하기도 한다..

불의의 사고라는 사유 폭이 넓은 언어를 통해
사랑과 절제의 문학을 엿볼 수 있다.

잘 자라지 않는 사랑

강가 제일 가까운 곳에
땅한마지기 마련해두자
모처럼 눈에 띈 신종의 농작물 같은 내 사랑을
푸짐하게 심어 거두어보자
따가운 시선으로
더욱 잘 여물어 갈
남들이 다 외면하는 특이한 종자
손가락질 하듯 세월 지나고 나면
잎이라도 나겠지
미안한 맘에.

-잘 자라지 않는 사랑 전문-

시집을 세상에 선보인다는 일은 또 하나의 내가 자율적 판단을 기다린다는 뜻이다.
지천명의 나이를 지나 그녀는 그토록 갈구하던 자신의 사랑을 세상에 내놓았다.
두고두고 지켜볼 것은 그에 관한 비판의 칼날이 아니라 들꽃 같은 나의 다른 생을 조용히 유추하면서 봐야할 일이다.

평소 그와 친분을 나누는 필자는 행마다 우주가 살아있는 체험적인 그의 시들을 다시 더듬어 나눌 예정이다.

문학개론이나 공식을 지극히 사양하고 싶음은 그가 겪었을 삶을 여정이 무한한 우주에 바쳤을 신성한 노래임을 익히 알기 때문이다.
진심으로 그녀의 출간을 축하하며 문운이 함께하기를 기원해 본다.

-이상미(한성대 사회교육원 출강)-

2013 & 온전히 사랑만으로

인　쇄: 초판인쇄 2013년 01월 20일
인　쇄: 초판발행 2013년 01월 25일
지은이: 김혜원
펴낸이: 윤기영
편　집: 정설연
펴낸곳: 도서출판 노트북
등　록: 제 305-2012-000048호
본　사: 서울시 동대문구 장안동 314-3번지 나동 101호
전　화: 070-8887-8233 팩시밀리 : 02-844-5756
이메일: hdpoem55@hanmail.net

정 가 : 10.000원정
ISBN : 978-89-92687-35-5-03810